Impressum
Verlag: BABADADA GmbH, Nedderfeld 112 , 22529 Hamburg
Geschäftsführer / Verlagsleitung: Harald Hof
Druck: Books on Demand GmbH, In de Tarpen 42, 22848 Norderstedt

Imprint
Publisher: BABADADA GmbH, Nedderfeld 112 , 22529 Hamburg, Germany
Managing Director / Publishing direction: Harald Hof
Print: Books on Demand GmbH, In de Tarpen 42, 22848 Norderstedt, Germany

школа

دبستان

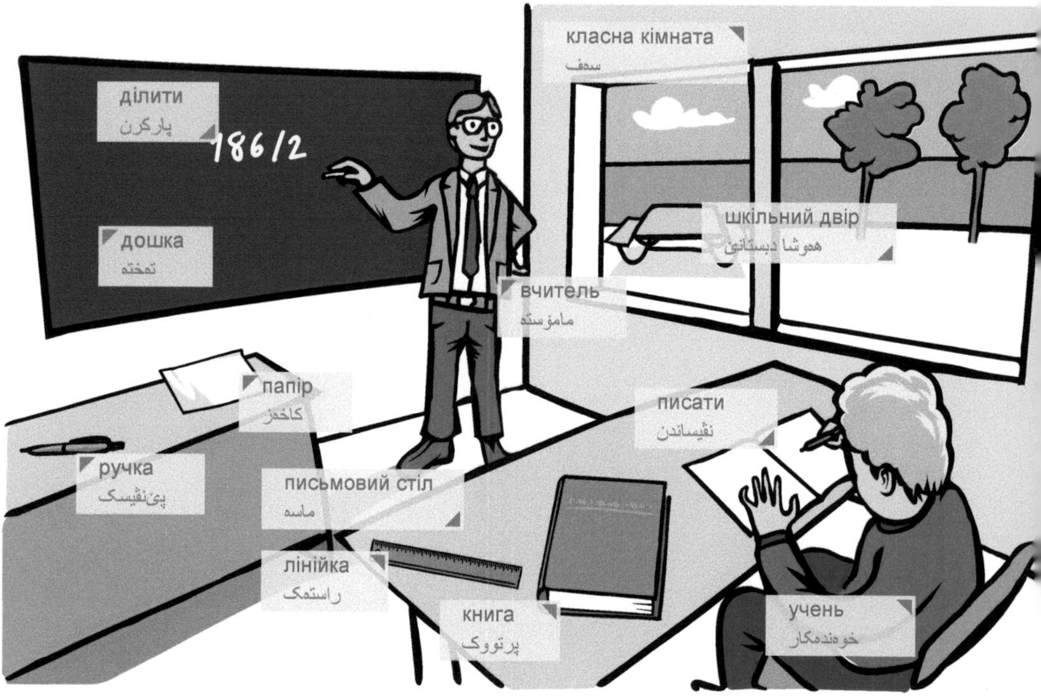
класна кімната
سەف
ділити
پارکرن
186/2
дошка
تەختە
вчитель
مامۆستە
шкільний двір
هەوشا دبستانێ
папір
کاخەز
писати
نڤیساندن
ручка
پێنڤیسک
письмовий стіл
ماسە
лінійка
راستەک
книга
پرتووک
учень
خوەندەکار

ранець

چەوال

пенал

قووتی نڤیستۆک

олівець

قەلەمرساس

точило

نڤیستۆک تووژکر

гумка

ژێبر

альбом для малювання

نڤیسکا نیگارێ

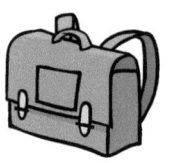

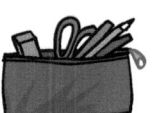

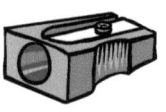

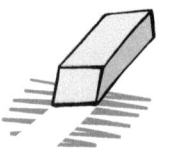

малюнок

نیگار

пензель

فرچیا رەنگێ

коробка фарб

قووتی رەنگ

ножиці

مەقەس

клей

لەزاق

зошит

پەرتووکا فێربوون

домашнє завдання

وەزیفا مالێ

12

число

هەژمار

2+2

додавати

زێدەکرن

5-2

віднімати

دەرخستن

2×2

множити

زێدەکرن

рахувати

هەسباندن

A

літера

تیپ

ABCDEFG
HIJKLMN
OPQRSTU
VWXYZ

абетка

ئالفابە

hello

слово

پەیڤ

текст

نۇسىي

читати

خواندن

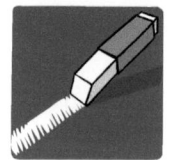

крейда

گەچ

година

دەرس

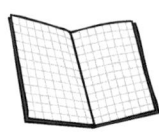

класний журнал

قەيدكرن

екзамен

ئيمتيهان

диплом

شەهادە

шкільна форма

كنجا دبستانئ

освіта

پەروەردەهى

лексикон

زانستنامە

університет

زانينگە

мікроскоп

ميكرۆسكووپ

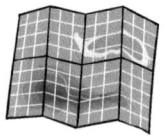

карта

خەريتە

кошик для паперу

سەبەتا كاخەزئ

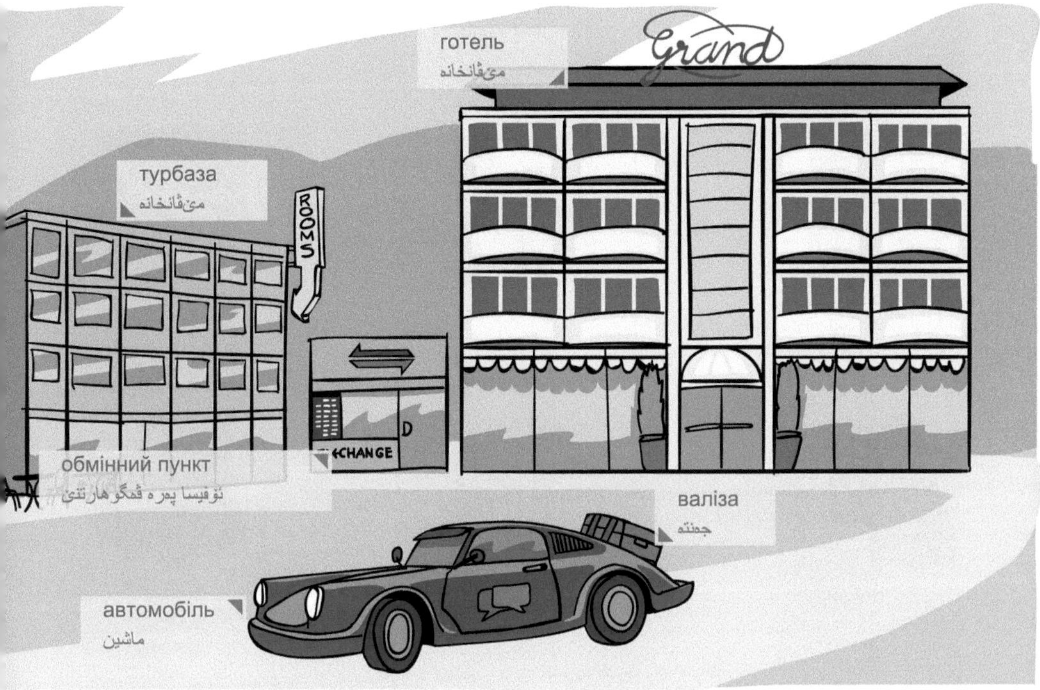

готель
مىٔھٔانخانه

турбаза
مىٔھٔانخانه

обмінний пункт
ئوفىسا پەرە گۆگوھارتنى

валіза
جنته

автомобіль
ماشىن

мова

زمان

так / ні

بەلىٔ / نا

добре

باش

привіт

سلاف

перекладач

وەرگىٔرا نڤيسكى

дякую

سپاس

Скільки коштує ...?

چند قاسمه ... بهایی؟

Я не розумію

من ناکم فام نزم

проблема

مشئنارن

Добрий вечір!

باش آربانئ!

Доброго ранку!

باش سپئدی!

На добраніч!

باش شمف!

До побачення

ته خاترئ

напрямок

نالی

багаж

روورموور

сумка

چمنته

рюкзак

پشت چمنته

гість

مئقان

кімната

نؤده

спальний мішок

خدو جامه

намет

چادر

туристична інформація

ناگیگین گەرزۆکان

пляж

رەمخىن ناقن

кредитна картка

كارتئ قەرزىن

сніданок

تاشتئ

обід

فراقين

вечеря

شيڤ

квиток

كارت

ліфт

ناسانسۆر

поштова марка

پوول

межа

تخووب

митниця

گومرک

посольство

بالیوزخانه

віза

ڤیزا

паспорт

پاسپۆرت

корабель
گەمىسى

літак
فرۇزكە

пожежна машина
ئەرەبە ناگرگووڙ

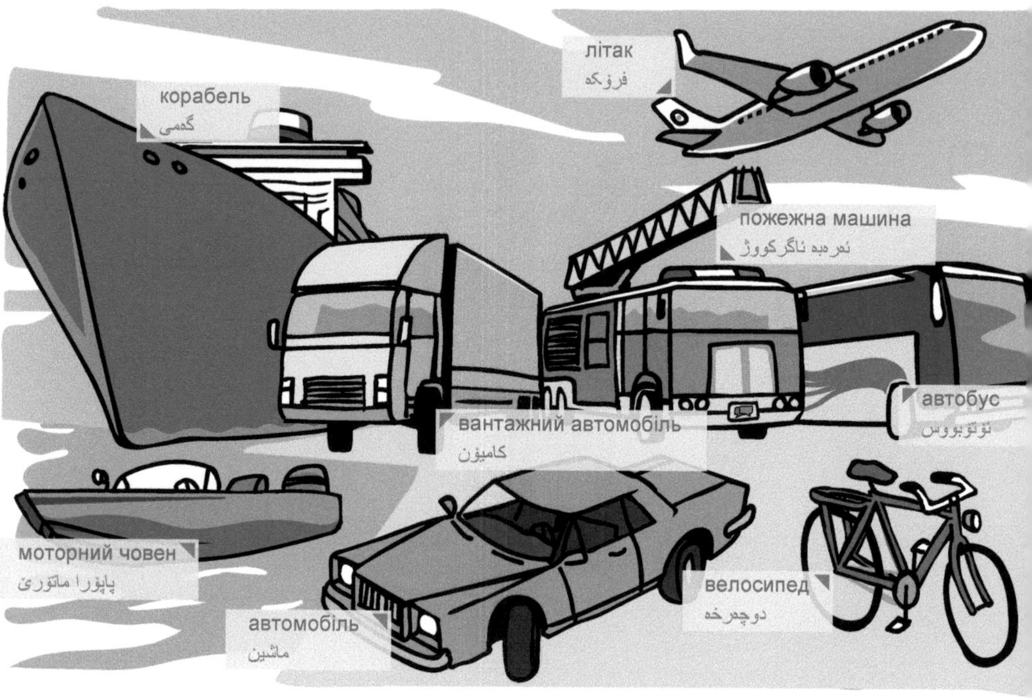

вантажний автомобіль
كامىۇن

автобус
ئۇتۇبروس

моторний човен
پاپۇرا ماتورى

автомобіль
ماشين

велосипед
دوچەرخە

пором

پاپۇر

човен

پاپۇر

мотоцикл

مۇتۇرسىكلئنت

поліцейська машина

تەرمبئلا پۇلىسىئ

гоночний автомобіль

تەرمبئلا پئنشبازىئ

автомобіль на прокат

ئەرەبە كرئكرنئ

льне користування авто

ماشین پەرەفمەکرن

евакуатор

کامیۆنا کشاندنێ

сміттєвоз

کامیۆنا خولیی

двигун

مۆتۆرسیکلێنت

паливо

مازۆت

автозаправна станція

ئیستمەگەھا بمنزینیێ

дорожній знак

تابلۆیا ترافیکێ

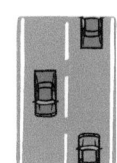

рух

ھاتنووچوون

затор

ترافیک

стоянка

جھێ پارکێ

вокзал

راوەستمکا ترێنێ

рейки

رێچ

потяг

ترێن

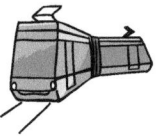

трамвай

ترێنێ کۆلانێ

вагон

ئەردبه

гелікоптер

بابرۆک

аеропорт

بالافرگمە

вежа

برج

пасажир

مسافر

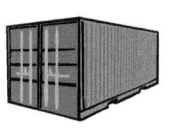

контейнер

قووتی

коробка

قووتی

візок

گرگرۆک

кошик

سەلک

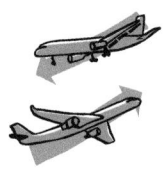

стартувати / приземлятися

رابوون / نیشتن

місто

باژار

село

گوند

центр міста

ناڤەندا باژاری

дім

خانی

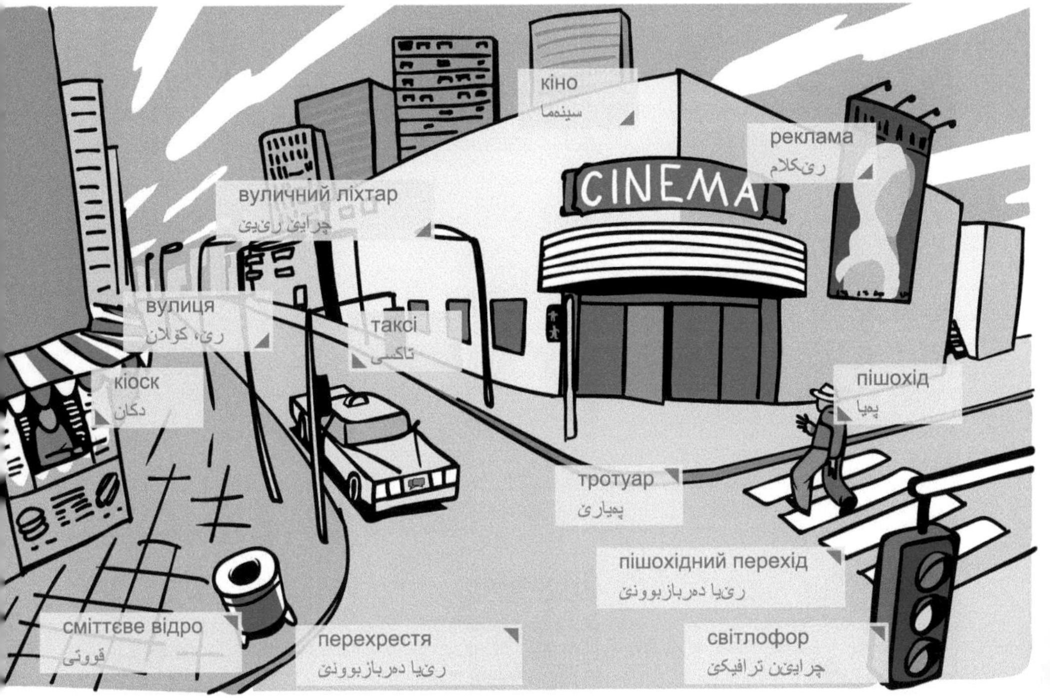
CINEMA
кіно
سینەما
реклама
ڕێکلام
вуличний ліхтар
چرایێ ڕێیێ
вулиця
ڕێ، کۆلان
таксі
تاکسی
кіоск
دکان
пішохід
پەیا
тротуар
پەیارێ
пішохідний перехід
ڕێیا دەربازبوونێ
сміттєве відро
قووتی
перехрестя
ڕێیا دەربازبوونێ
світлофор
چرایێن ترافیکێ

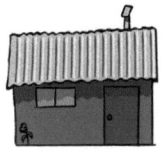

хатина

کۆخ

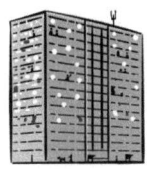

квартира

خانی

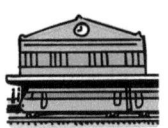

вокзал

راوەستەگا ترێنێ

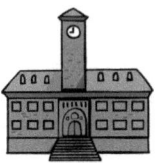

ратуша

تەلارا شارەڤانی

MUSEUM

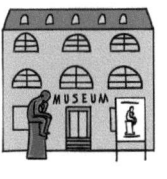

музей

مووزەخانە

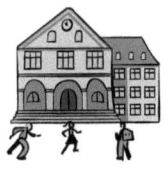

школа

دبستان

університет

زانینگە

банк

بانک

лікарня

نەخوشخانە

готель

مێوانخانە

аптека

دەرمانخانە

офіс

نۆفیس

книжковий магазин

کتێبفرۆشی

магазин

دکان

квітковий магазин

گوڵفرۆش

супермаркет

بازار

ринок

بازار

універмаг

سوپەرمارکەت

торговець рибою

ماسیفرۆش

торговельний центр

ناڤەندا کڕین

гавань

بەندەر

парк

پارک

лава

سەكوو

міст

پڕ

сходи

دەرنجە

метро

ژێر ئەردىٰ

тунель

توننەل

автобусна зупинка

ئیستگەها ئۆتۆبووس

бар

بار

ресторан

خواردنگە

поштова скринька

سندووقا پۆستىٰ

вулична табличка

نیشاندەركا رێىٰى

лічильник паркування

مەترا پاركینگىٰ

зоопарк

باخچا هەیوانان

басейн

هەودزا مەلەڤانىٰ

мечеть

مزگەفت

ферма

جۆتگەھ

забруднення навколишнього середовища

پیسبوونی دەوروبەر

кладовище

گۆرستان

церква

کەنیسە

дитячий майданчик

ئەمردی لەمیستەنی

храм

پەرستگەھ

ландшафт

تەبیعەت

листок
گەڵا

вказівний стовп
نیشاندەرکا ڕێ

шлях
ڕێ

луг
مێرگ

камінь
کەڤر

дерево
دار

мандрівник
گەرۆک

річка
چەم

трава
گیا

квітка
گوڵێک

ландшафт - تەبیعەت

долина

دۆل

гора

گر

озеро

گۆل

ліс

دارستان

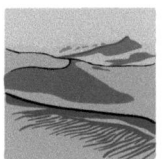

пустеля

بیابان

вулкан

قۆلكان

замок

كەلمە

веселка

كەسكەسۆر

гриб

كۆارك

пальма

دارقسپ

комар

مخمخك

муха

مێش

мурашка

مێری

бджола

هنگ

павук

پیری

жук

كێزك

жаба

بۆق

вивірка

سهۆر

їжак

ژيژۆک

заєць

كهرگوه

сова

پهپووک

птах

چڤیک

лебідь

قوو

кабан

بهرازێ كۆڤی

олень

پهزكۆڤی

лось

پهزكۆڤی

гребля

بهنداڤ

вітряк

توورېبینا با

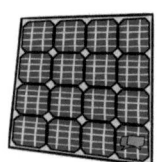

сонячний модуль

پانهلا خۆرێ

клімат

ناف و هموا

ресторан
خوارنگەه

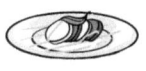

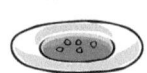

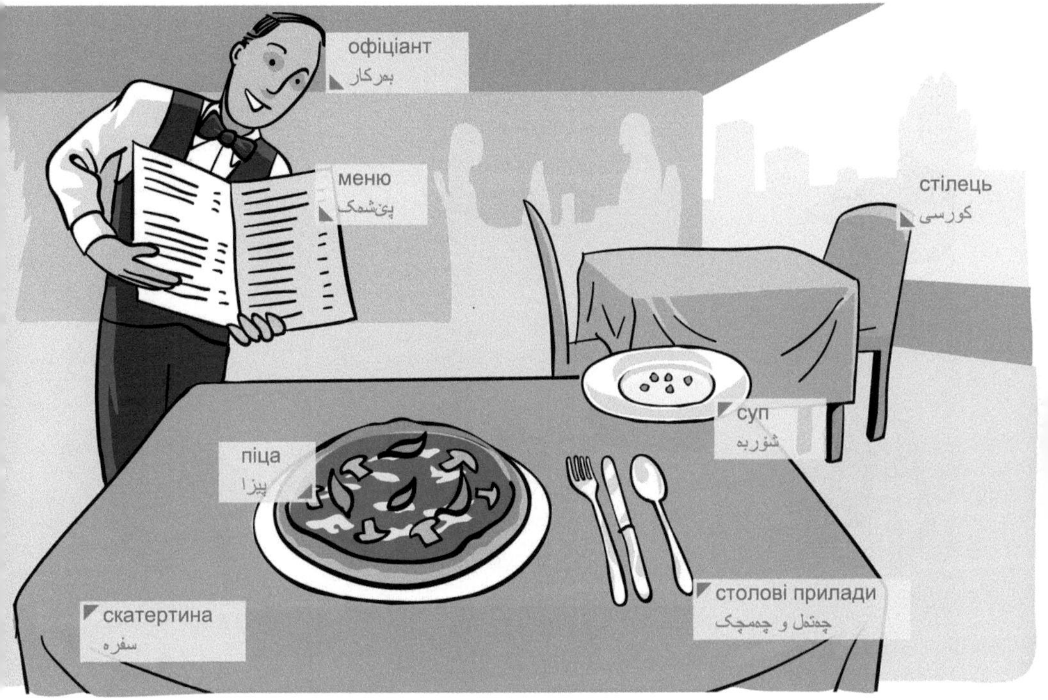
офіціант
بەرکار
меню
پێشەک
стілець
کورسی
суп
شۆربە
піца
پیزا
скатертина
سفرە
столові прилади
چەتەل و چەمچک

закуска

خوارنا دەستپێک

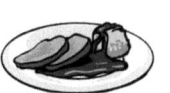

друга страва

خوارنا سەرەکی

десерт

شیرانی

напої

ڤەخوارنان

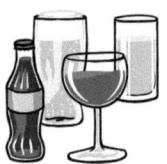

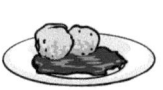

їжа

خوارن

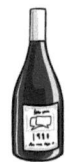

пляшка

جام

фаст-фуд

خوارنا لغز

вулична їжа

خوارنا ریيیئ

чайник

چايدانک

цукорниця

قووتی شهکرئ

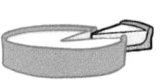

порція

بهش

еспресо-машина

ممکينا چئ کرئئ ئهسپرهسسۆ

високий стільчик

کورسيا بلیند

рахунок

ههساب

піднос

سئنی

ніж

کئژ

вилка

چهتهل

ложка

کهڤچی

чайна ложка

کهڤچيا چای

серветка

پئشگر

склянка

قهدهه

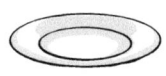

тарілка

تەڭفەك

тарілка для супу

تەڭفەكا شۆربە

блюдце

پیالە

соус

چێژنج

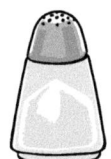

солонка

خوێدانک

млин для перцю

قووتی بیبار

оцет

سرکە

масло

روون

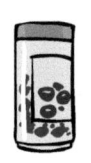

спеції

بەهارات

кетчуп

كەتچاپ

гірчиця

موستارد

майонез

مایۆنێز

супермаркет

بازار

пропозиція
پێشکێشێن تایبەت
FOR
клієнт
مشتەری
молочні продукти
شیرەمەنی
фрукти
فێکی
візок для покупок
عەرەبە

BUTCHERS

м'ясний магазин

قەسابی

BAKERY

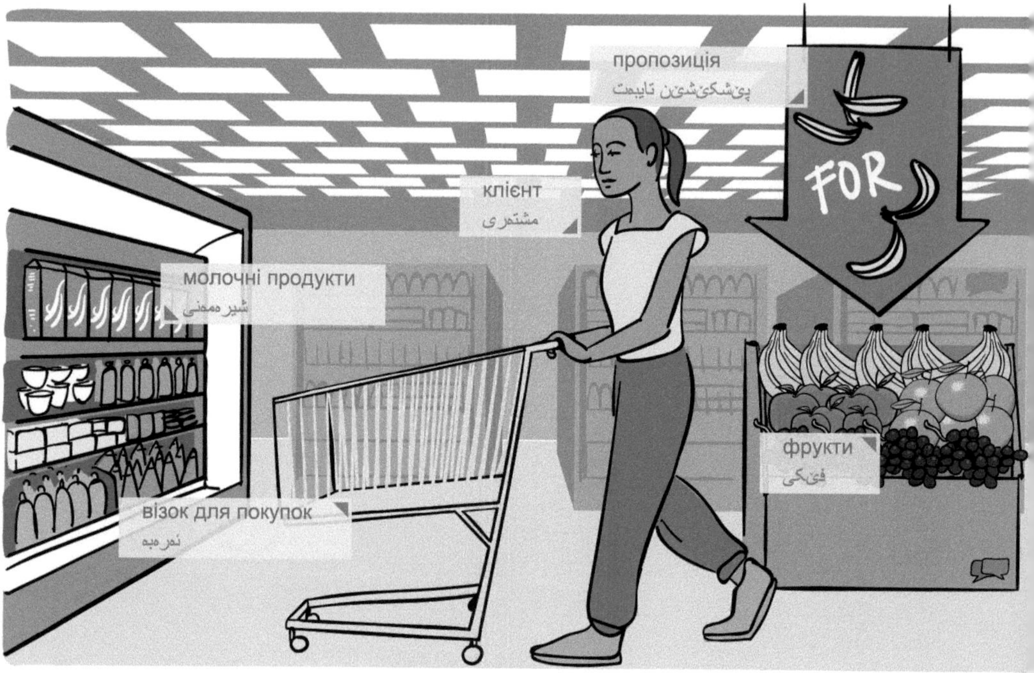

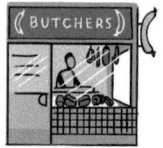

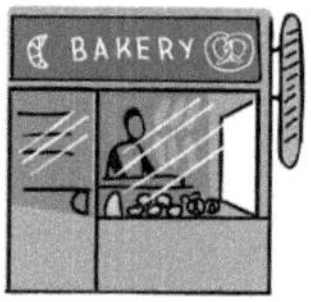

пекарня

دکانا نانپێژ

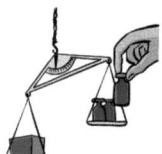

зважувати

وەزن کرن

овочі

سەوزە

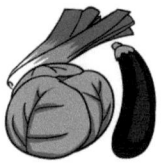

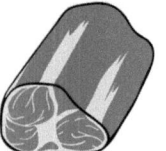

м'ясо

گۆشت

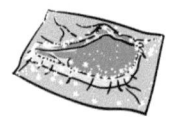

заморожені продукти

خوارنێ جەمەدی

ковбасна нарізка

گۆشتئ سار

консерви

خوارنا پئلئ

пральний порошок

خوبارئ پاقژکرنئ

солодощі

شرینی

предмети домашнього побуту

بەرھەمێن ناڤخویی

мийний засіб

بەرھەمێن پاقژکرنئ

продавщиця

فرۆشیار

каса

خەزنۆک

касир

دراقگر

список покупок

لیستا کرینئ

часи роботи

دەمێن قەڤکری

гаманець

جزدان

кредитна картка

کارتئ قەرزی

сумка

چەوال

поліетиленовий пакет

چەنتە

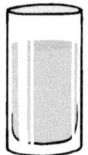

вода

ناۋ

сік

شەربەت

молоко

شىر

кола

كۆمر

вино

شەراب

пиво

بيرا

алкоголь

نالكۆل

какао

كاكوۆ

чай

چاى

кава

قەمۇرە

еспресо

ەمسپرەمسسۆ

капучіно

كاپۇچينۇ

банан

مۆز

яблуко

سێڤ

апельсин

پرتەقاڵی

кавун

گۆندۆر

лимон

لیمۆن

морква

گێزەر

часник

سیر

бамбук

قامر

цибуля

پیڤاز

гриб

قارچک

горішки

گوێز

локшина

شەهیرە

спагеті

سپاگێتتى

рис

برنج

салат

سەلەتە

картопля фрі

چیپس

смажена картопля

پەتەتەیا براشتى

піца

پیزا

гамбургер

هامبورگەر

бутерброд

نانۆک

шніцель

گۆشتێ ستوویێ بەرخى

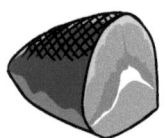

шинка

گۆشتێ هشككرى

салямі

سالامێ

ковбаса

سۆسیس

курка

مریشک

печеня

بژارتن

риба

ماسى

вівсяні пластівці

شۆربە بلوول

мюслі

مووسلی

кукурудзяні пластівці

کەرتوێن گڵگڵان

борошно

نارد

круасан

جرۆسسانت

булочка

سەمموون

хліб

نان

тостовий хліб

تۆست

печиво

نانک

масло

نۆیشک

сир

ماست

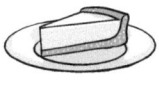

пиріг

کولیچە

яйце

هێک

яєчня

هێکا قەلاندی

сир

پەنیر

морозиво

دۆندۇرمە

цукор

شەكەر

мед

ھەنگۈ

мармелад

مرەبا

нуга-крем

خامەيا نۆوگات

карі

كورى

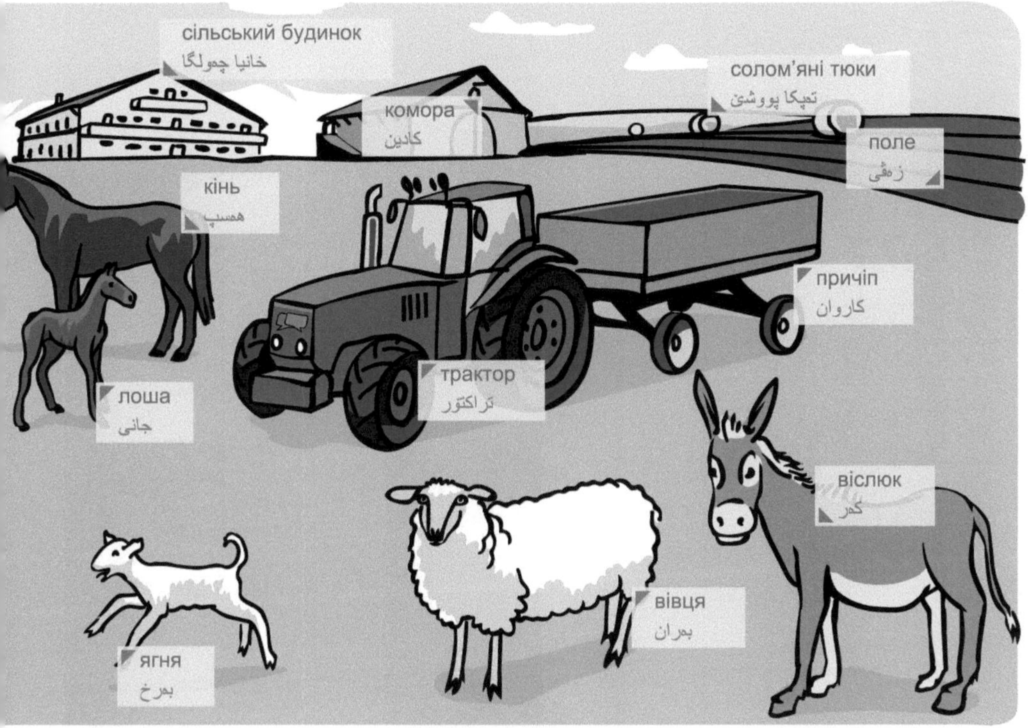

сільський будинок
خانیا جەمولگا

комора
كادین

солом'яні тюки
تەپكا پووشێ

поле
زەڤى

кінь
هەسپ

причіп
كاروان

лоша
جانى

трактор
تراكتۆر

віслюк
كەر

ягня
بەرخ

вівця
بەران

коза

بزن

корова

چێلەمك

теля

گۆلك

свиня

بەراز

порося

خنزیرك

бик

بۆخە

гусак

قاز

качка

مراۋى

курча

جوجك

курка

مريشك

півень

كەلمشەر

щур

جرج

кіт

كەتك

миша

مشك

віл

گا

собака

كوچك

собача будка

خانيا كووچكى

садовий шланг

خانى باخن

лійка

قووتيكا ئافدانى

коса

شالووك

плуг

گاسن

серп

داس

мотика

مەریوێز

вила

دارساپک

сокира

بڕ

тачка

دەستگەرە

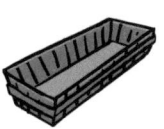

корито

قووتى خواردنا جانداران

бідон молока

قووتى شیر

мішок

توور

паркан

چەپەر

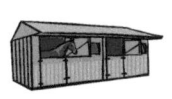

хлів

ناخور

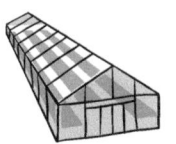

теплиця

خانا کولیلکان

ґрунт

ناخ

насіння

دەندک

добриво

پەیین

комбайн

کۆمباین

пожинати

زاد

урожай

زاد

корінь ямсу

يمتهته

пшениця

گەنم

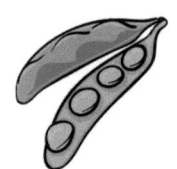

соя

فاسۆلى

картопля

يمتهته

кукурудза

دەخل

ріпак

دندك

плодове дерево

دارئ فێنكى

маніок

سێڤى بن ئەردئ

злаки

زاد

дім

خانی

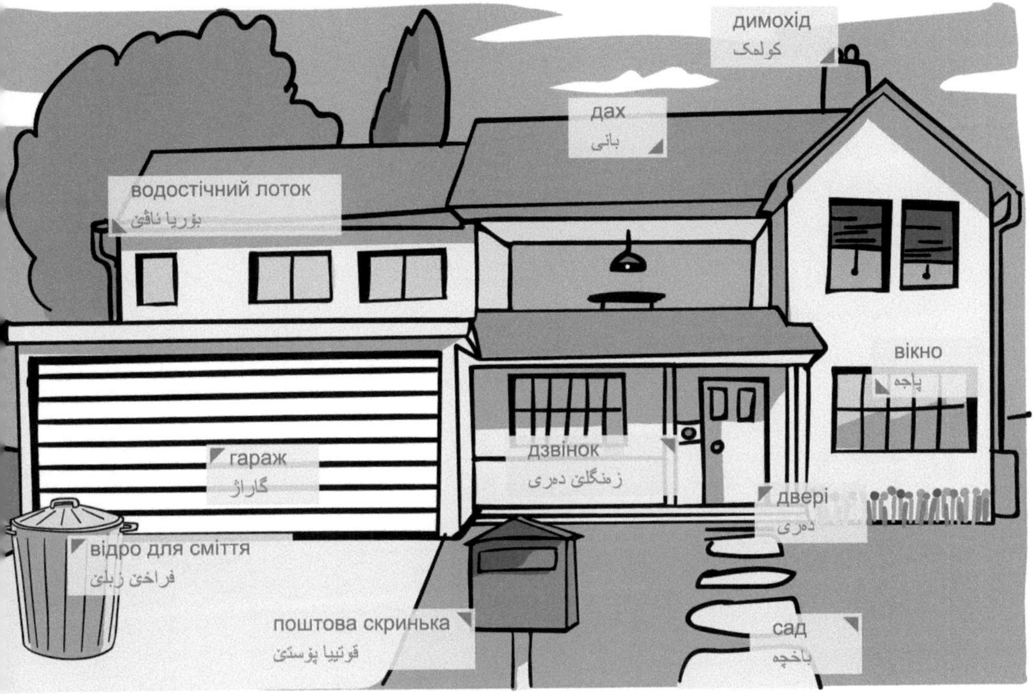

димохід
کولەک
дах
بانی
водостічний лоток
بۆریا ئاڤێ
вікно
پاجە
гараж
گاراژ
дзвінок
زەنگلێ دەرێ
двері
دەرێ
відро для сміття
فراخێ زبلێ
поштова скринька
قوتییا پۆستێ
сад
باخچە

вітальня

ئۆدا رووێنشتنێ

ванна кімната

حەمام

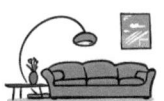

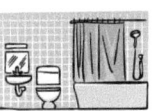

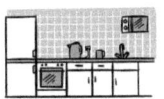

кухня

مەتبەخ

спальня

ئۆدا خەوێ

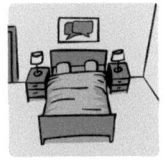

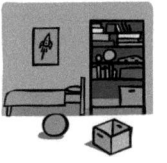

дитяча кімната

ئۆدەیا زارۆک

їдальня

ئۆدا شیڤێ

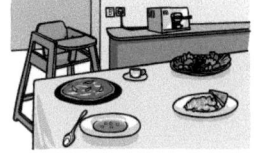

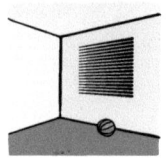

підлога

بنى

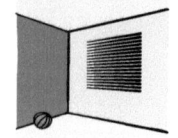

стіна

ديوار

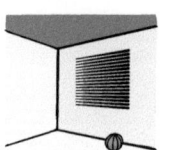

стеля

بەربان

підвал

خەنزك

сауна

ساونا

балкон

بالكۆن

тераса

بەردانك

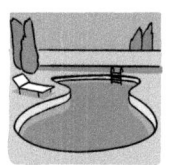

басейн

هدوزا مەلەقانى

косарка

چیمەن بر

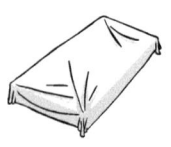

простирало

مەلەهەفە

ковдра

بەتانى

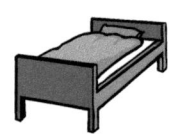

ліжко

نقئین

мітла

گزك

відро

ساتل

перемикач

كليل

шпалери
كاخمزئ ديوار

лампа
لامپا

малюнок
وئنە

поличка
رەف

шафа
دۇلاب

камін
ناگردان

телевізор
تەلەفيسيوْن

квітка
كوليلك

подушка
سەرين

ваза
گۇلدانك

диван
قەنەپە

пульт
كوْنترۆلا دوور

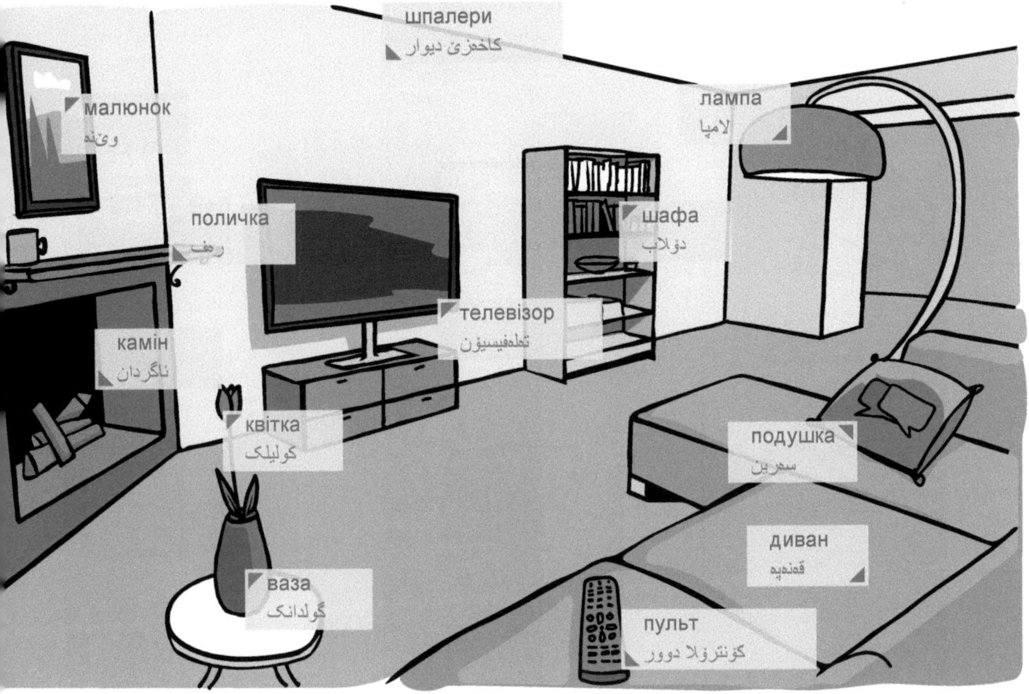

килим

خاليچە

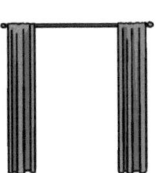

завіса

پەردە

стіл

مێز

стілець

كورسى

крісло-гойдалка

كورسيا ھەژانوْك

крісло

كورسى

книга

پەرتووک

ковдра

بەتانى

прикраса

خەملاندن

дрова

ئێزنگ

фільм

فیلم

стереосистема

هـ‌ف

ключ

كليل

газета

رۆژنامه

картина

نیگار

плакат

پۆستەر

радіо

رادیۆ

блокнот

دەفتەر

пилосос

سڕقكا ئەلمەكتریكى

кактус

كاكتووس

свічка

مۆم

холодильник
یخچال

мікрохвильова піч
مایکروویو

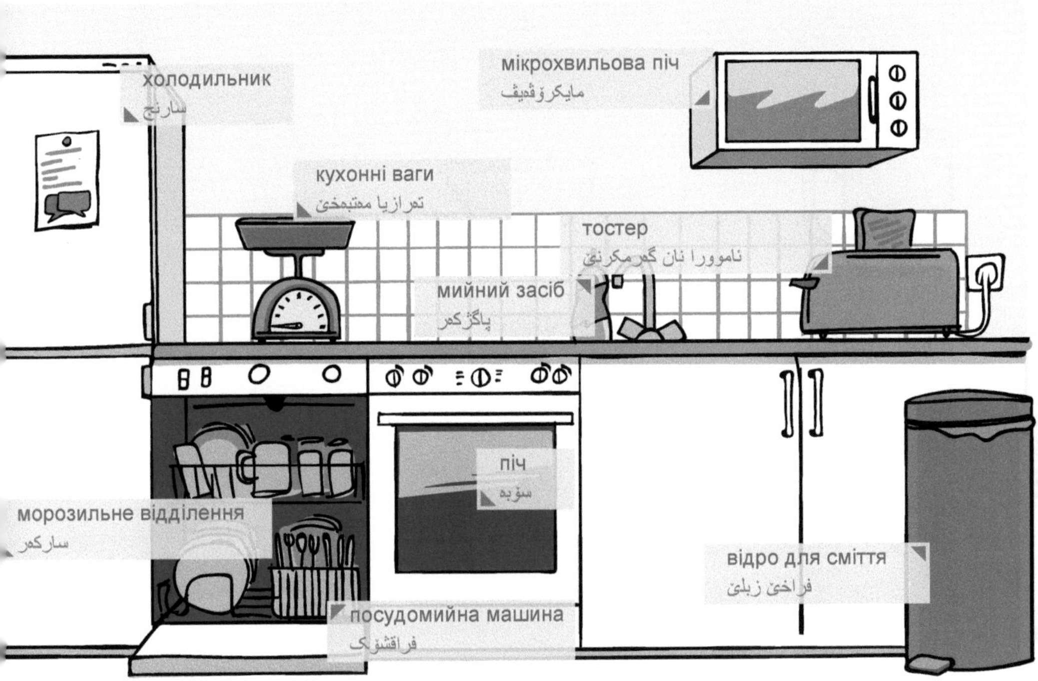

кухонні ваги
ترازوی مەتبەخی

тостер
نان گرمکن توستر

мийний засіб
پاک کننده

піч
فر

морозильне відділення
فریزر

посудомийна машина
ظرفشویی

відро для сміття
سطل زباله

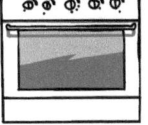

плита
اجاق

горщик
قابلمه

чавунний горщик
قابلمه چدنی

вок / кадай
ماهی تابه فرقی

сковорода
ماهی تابه

чайник
کتری

пароварка

فراقئ هلمئ

лист

سوئنى نانئ

посуд

فراق

кухоль

پياله

чаша

كاسك

палички для їжі

دارئ نانخوارن

черпак

همسك

лопатка

كفڅيا مۀزن

вінчик для збивання

رينهك

сито

كۀفگير

сито

بيژنگ

терка

رىشكير

ступка

دستار

барбекю

براشتن

багаття

ناگرئ ۀالا

дошка

تەختەیا بڕینێ

качалка

داركێ تیرێ

штопор

دەفك بادەمك

конзерва

قووتی

відкривачка

قووتیڤەمكر

прихватки

جاوێ ئامانان

раковина

دەستشۆ

щітка

فرچە

губка

پارازۆا

міксер

تەفڕێنر

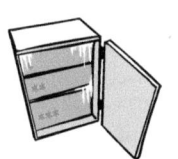

морозильна камера

ساركرێ جەمەدی

дитяча пляшка

شووشە بەبكان

кран

هەنەفی

ванна кімната

هەمام

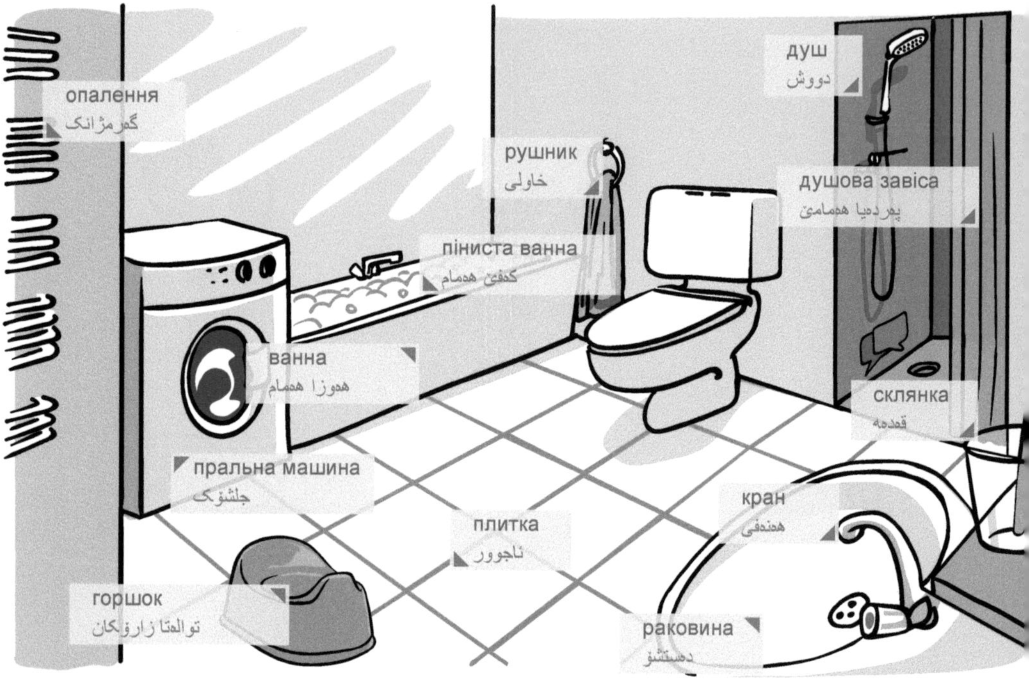

опалення
گەرمژانک
рушник
خاولی
душ
دووش
душова завіса
پەردەیا هەمامێ
пініста ванна
کەفێ هەمام
ванна
هەوزا هەمام
склянка
قەدەه
пральна машина
جلشۆک
кран
هەنەفی
плитка
ئاجوور
горшок
توالەتا زارۆکان
раковина
دەستشۆ

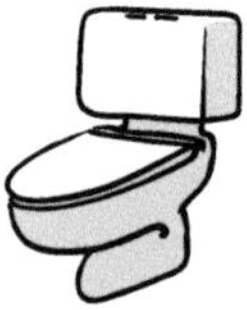

туалет

توالەت

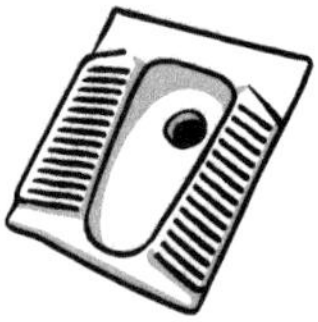

підлоговий туалет

توالەتا ئەردێ

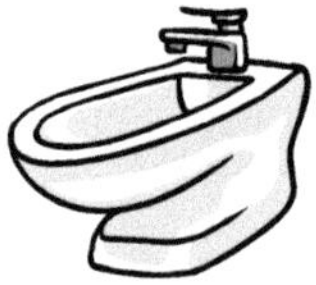

біде

توالەت

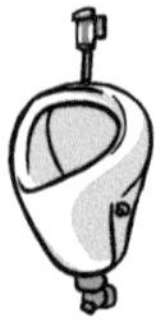

пісуар

ئاڤدەستخانا مێران

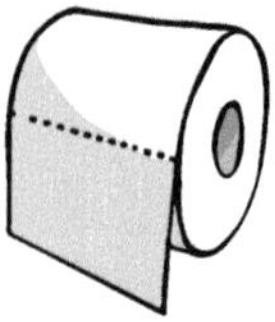

туалетний папір

کاخەزا توالەت

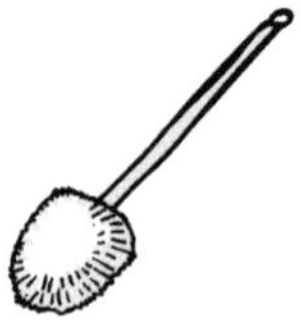

щітка для туалету

فرشەیا توالەت

зубна щітка

فرچيا دران

зубна паста

ممجوونا دران

нитка для чищення зубів

نمخا ددان

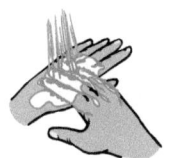

мити

ښووښتن

ручний душ

دووشئ دستئ

інтимний душ

دووش

таз

دستنّوّ

щітка для спини

فرچا پشت

мило

سابوون

гель для душу

جئئئ هدمام

шампунь

شامپو

мочалка

فانيله

водостік

زئرراب

крем

کرئم

дезодорант

بئئهن خوشكر

дзеркало

مریێک

косметичне дзеркало

مریێکا دەستی

бритва

گووزان

піна для гоління

کەفی تەراشینی

лосьйон після гоління

مەجوونا پشتی تەراشینی

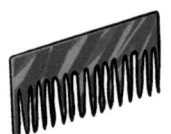

гребінь

شەنە

щітка

فرچە

фен

پۆر هیشککر

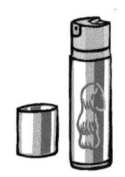

лак для волосся

سپرایا پۆری

косметика

کۆزمەتیک

губна помада

سۆراڤک

лак для нігтів

رەنگی نینۆک

вата

پەمبوو

ножиці для нігтів

مەقەستا نینۆک

парфум

پارفووم

косметичка

چموالئ هممامئ

табурет

کورسیا بێِپشت

ваги

تەرازی

халат

کنجا هممامئ

гумові рукавички

لەپکا لاستیکئ

тампон

تامپۆن

гігієнічні прокладки

خاولیا پاقژکرنئ

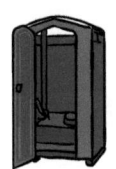

біотуалет

توالەتا کیمییەوی

дитяча кімната

ئۆدەیا زارۆک

будильник
دەمژمێرک
м'яка іграшка
لیستۆک
іграшковий автомобіль
ماشینا لیستۆک
брязкальце
خشخشۆک
ляльковий будиночок
مالا لیستۆک
подарунок
خەلات

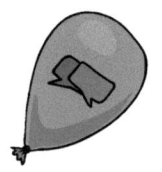

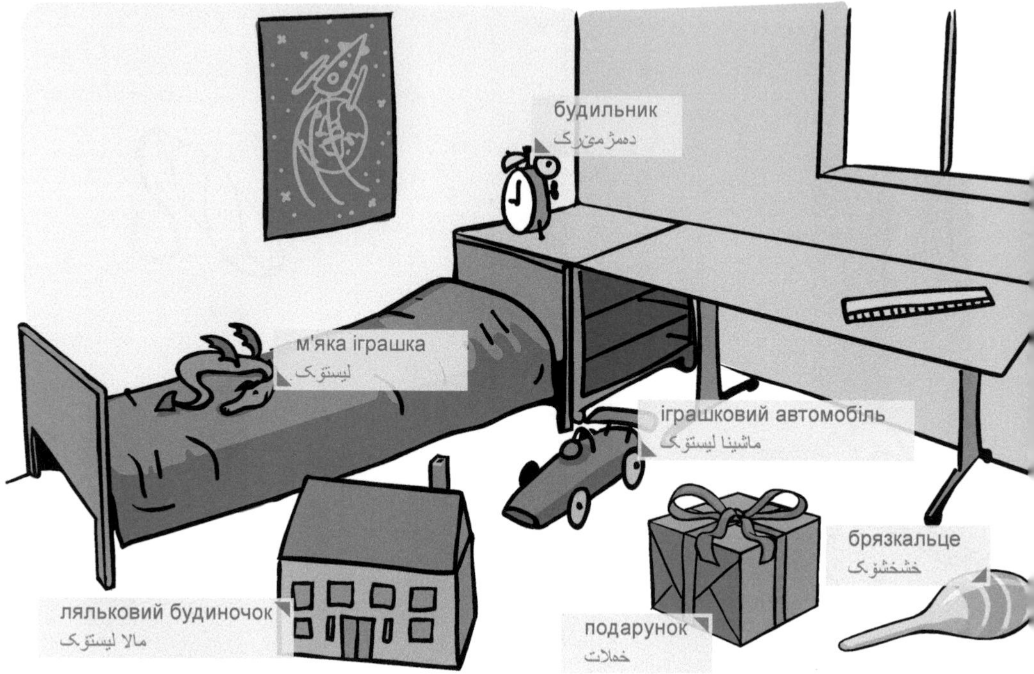

повітряна кулька

پفدانک

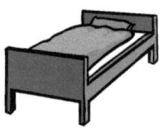

ліжко

نڤین

дитячий візок

کۆچک

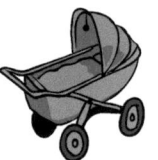

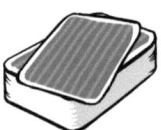

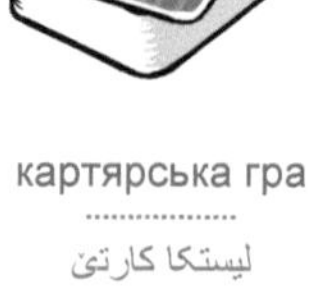

картярська гра

لیستکا کارتێ

пазл

فریزبی

SUPER
MEGA

комікс

کۆمیک

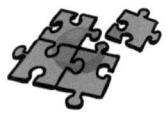

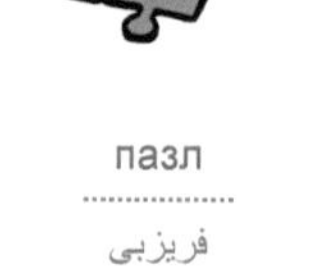

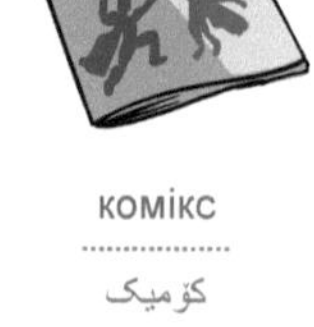

лего цеглинки

ناجوورا لێنگۆ

блоки

ناجوورا لیستۆک

іграшкова фігурка

بووکه شووشه

повзунки

کنجا ببکان

фризбі

فرزبی

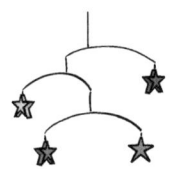

мобіле

قەگو هەستن

настільна гра

لیستکێن تەمخته

кубик

مۆر

модель залізнична станція

مۆدێلا ترێنێ

соска

مەمک

вечірка

جەژن

книжка з картинками

کتێبا وێنه

м'яч

تۆپ

лялька

بووکه شووشه

грати

لەمیستن

пісочниця

کونا خیزئ

гойдалка

جۆلانه

іграшка

لیستوکان

гральна консоль

لیستکا ڤیدۆیی

триколісний велосипед

سێچرخه

плюшевий мішка

هرچا لیستوک

шафа

جلدانک

шкарпетки

گۆره

панчохи

گۆره

колготки

دەرپێگۆرئ

шарф
شال

парасоля
چەتر

футболка
كراس

ремінь
قايش

чоботи
شمكال

домашнє взуття
سۆلكىن ئاياغ مالىئ

кросівки
سۆلكە

сандалі
سۆلكە

взуття
سۆل

гумові чоботи
پۆتىنا چەرمەن

труси
پانتولۆى ژىر

бюстгальтер
پىسىربەند

нижня сорочка
چەكبەند

боді

جمندمک

штани

پانتول

джинси

ژمانس

спідниця

دامان

блузка

کراس

сорочка

کراس

пуловер

فانیلہ

светр

فانیلہ

піджак

جاکیت

куртка

ساکو

пальто

چاکمت

дощовик

بارانی

костюм

لہباس

сукня

فیستان

весільна сукня

جلئ داومتن

костюм

چاکیت

нічна сорочка

پێجامە

піжама

پێجامە

сарі

ساری

головна хустка

لەچک

чалма

مێزەر

бурка

هەزرام

кафтан

کافتان

абая

عەبا

купальник

کنجا ئاژنەکرن

плавки

جلکا مەلەڤانی

шорти

شۆرت

тренувальний костюм

جلا هەڤوژکاری

фартух

پێشمال

рукавички

لەپک

гудзик

دوگمه

окуляри

بەرچاڤك

браслет

بازن

ланцюг

گەردەنی

кільце

گوستیل

сережка

گوهارک

шапка

دەڤك

плічка

هلاڤستەک

капелюх

کووم

краватка

کراوات

застібка-блискавка

زیپ

шолом

سەرپاریز

підтяжки

دەرزی

шкільна форма

کنجا دبستانی

уніформа

یوونیڤورم

нагрудник

بەردلک

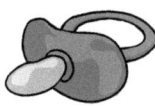

соска

مەمک

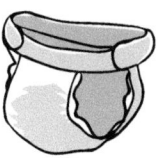

підгузок

پوونداخ

офіс

ئۆّفیس

сервер
پێشکەشکەر

шаф для документів
دۆلابی بەلگە

принтер
چاپەر

монітор
نیشاندەر

папір
کاخەز

миша
مشک

письмовий стіл
مێسە

папка
دەفتەر

синтезатор
کلاڤیە

кошик для паперу
سەبەتا کاخەزی

комп'ютер
کۆمپیوتەر

стілець
کورسی

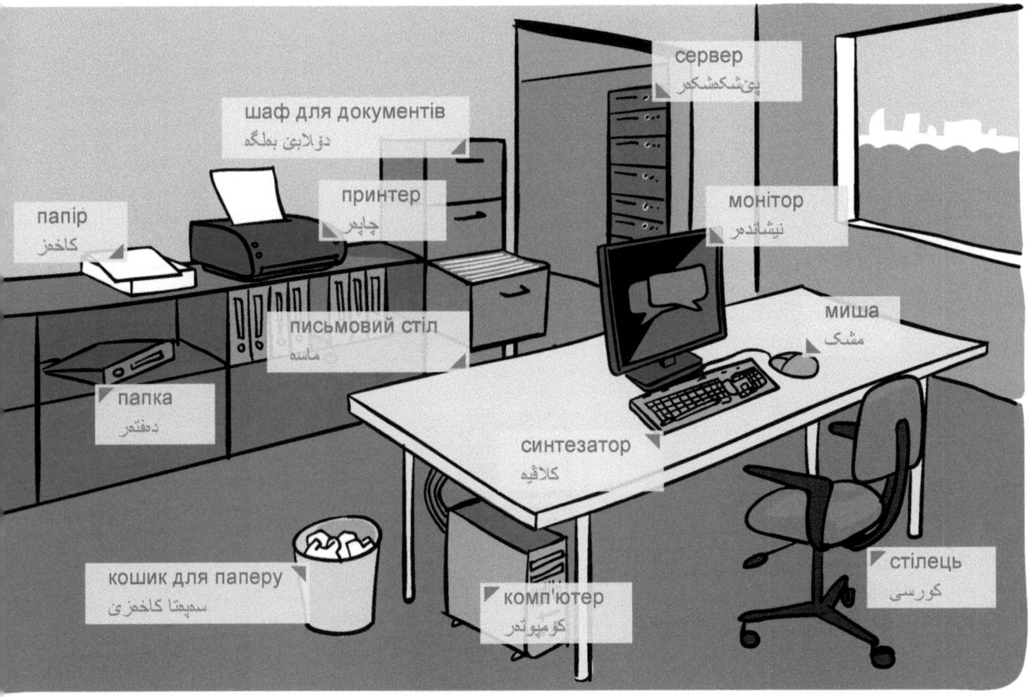

кавовий кухоль

کاسکا قەهوه

калькулятор

هەسابکەر

інтернет

ئینتەرنەت

ноутбук

كۆمپيوتېرنا لاپتوپ

лист

نامدا

повідомлення

پەيام

мобільний телефон

تەلمفۇنا مۇبيل

мережа

تۇر

копіювальний пристрій

ممكينا فوتوكۆپيى

програмне забезпечення

سۆفتوارە

телефон

تەلمفۇن

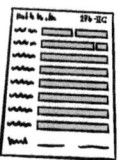

розетка

سۆجكەتا فيشمەك

факс

ممكينا فاخنى

бланк

فۆرم

документ

بەلگە

купувати

كرين

платити

پەرە دان

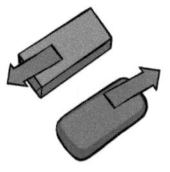

торгувати

بازرگانى

гроші

پەرە

долар

دۆلار

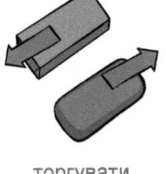

євро

يۆرۆ

ієна

يەنى ژاپۆنى

рубль

رۆبلى رووسى

франк

فرانكى سويسى

юанів женьміньбі

يوانى چينى

рупія

رووپى هندى

банкомат

ممكّينا ژخومبرا دراف

обмінний пункт

نۆفيسا پەرە قىمگو ھارتنئ

золото

زێر

срібло

زيڤ

нафта

نەفت

енергія

وزه

ціна

بھا

контракт

پەيمان

податок

تاخ

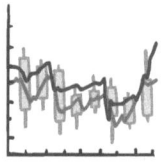

акція

سەھام

працювати

كاركرن

працівник

كاركەر

роботодавець

كاردا

фабрика

فابرىكا

магазин

دكان

поліцейський
پۆلیس

пожежник
ناگرکوژ

пілот
فڕۆکەڤان

лікар
پزیشک

повар
ناشتاز

садівник

باخچەڤان

столяр

نەجار

швачка

درووونگان

суддя

هاکم

хімік

شیمیازان

актор

شانۆگەر

водій автобуса

شوفێری باسێ

таксист

شوفێرەمکی تاکسیێن

рибалка

ماسیگان

прибиральниця

پاگژکەر

покрівельник

چێنکری بانی

офіціант

بەرکار

мисливець

نێچرڤان

художник

رەنگگرێس

пекар

نانپێژ

електрик

کارەباگان

будівельник

ناڤاکەر

інженер

ئەندەزیار

забійник

قەساب

бляхар

لوولەمکار

листоноша

پۆستەمان

солдат

نەسكەر

архітектор

مێمار

касир

دراقگر

флорист

فرۆتكارا گوڵەكان

перукар

پۆرچنكەر

кондуктор

ناژوڤان

механік

مەكانیك

капітан

كەشتیڤان

дантист

پزیشكا ددانان

вчений

زانستیار

рабин

روهان

імам

ئیمام

монах

كەشە

пастор

كەشیش

інструменти
ئامووران

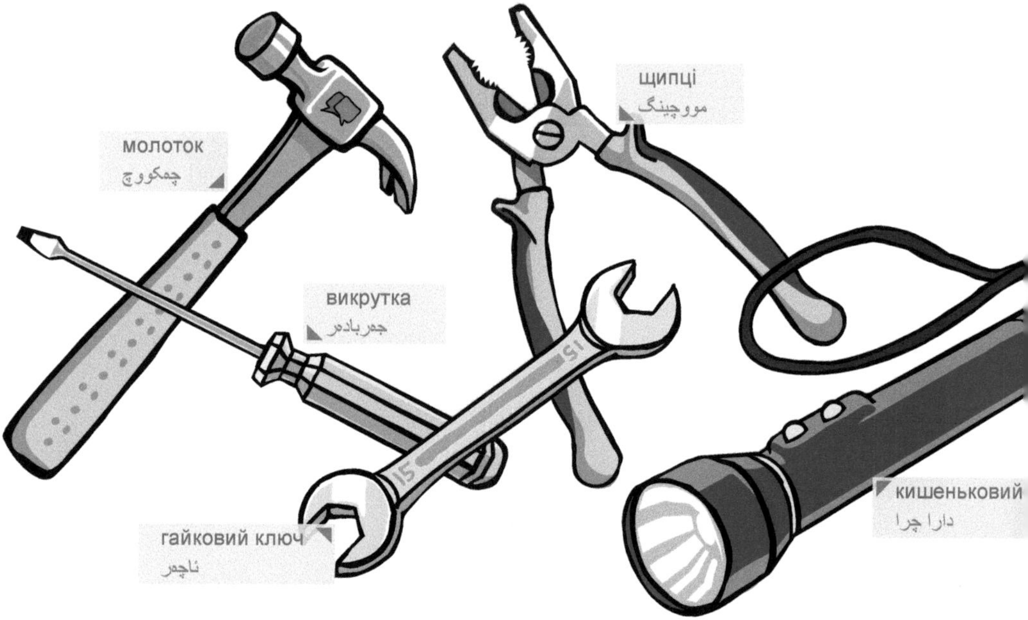

молоток
چەکووچ
щипці
مووچینگ
викрутка
جەربادەر
гайковий ключ
ئاچەر
кишеньковий
دارا چرا

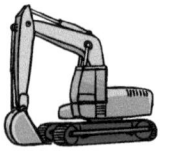

екскаватор

شۆفەل

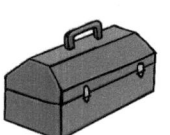

ящик для інструментів

قووتیا ئامووران

драбина

پەیژە

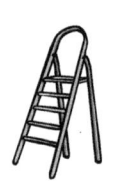

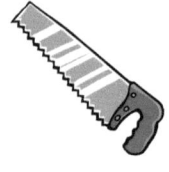

пилка

مشار

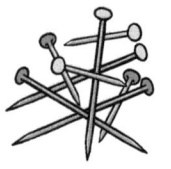

цвяхи

میخ

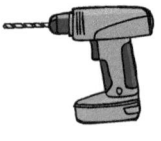

свердло

قولکرن

ремонтувати

چێککرن

лопата

مەربێر

лайно!

نالەت!

совок

بێل

відро з фарбою

قوتیا رەنگێن

гвинти

جەر

музичні інструменти

ئامووریێن مووزیکێ

динамік
بلیندگۆ

ударна установка
كۆمئ دەهۆل

гітара
گیتار

контрабас
جۆردیا گیتار

труба
زرنا

фортепіано

پیانۆ

скрипка

ڤیۆلین

бас

باس

литаври

دەهۆل

барабан

داهۆل

клавіатура

کیبیۆرارد

саксофон

ساکسۆفۆن

флейта

بلوور

мікрофон

میکرۆفۆن

зоопарк

باخچا هەیوانان

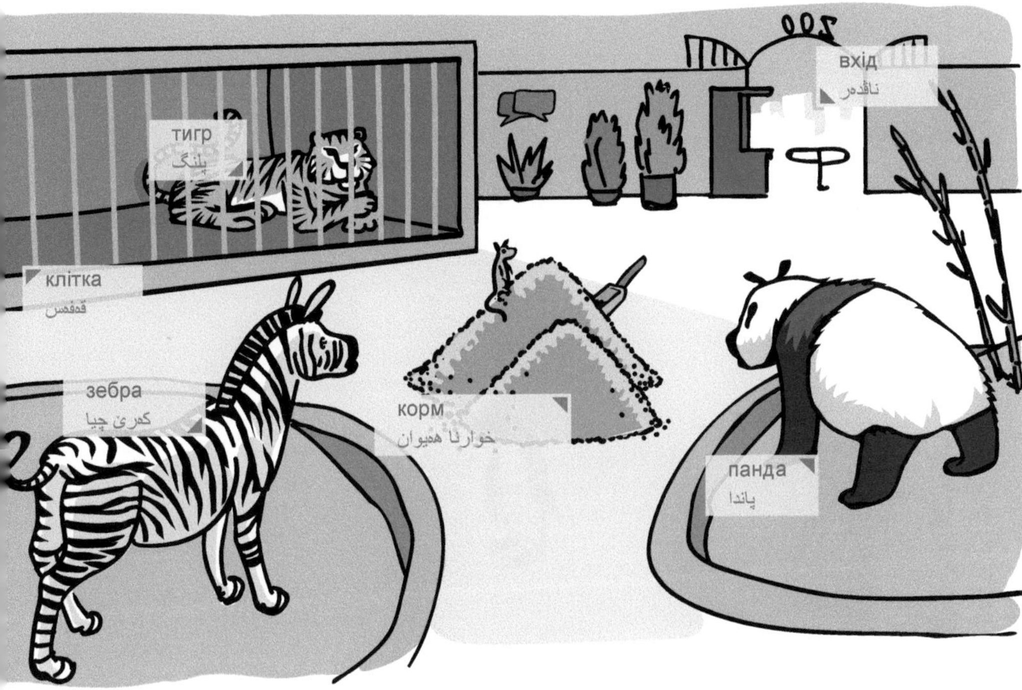
тигр
پڵنگ
вхід
ناڤدەر
клітка
قەفەس
зебра
کەرێ چیا
корм
خوارنا هەیوان
панда
پاندا

тварини

هەیوان

слон

فیل

кенгуру

کانگاروو

носоріг

کەرکەدەن

горила

گۆریل

ведмідь

هرچ

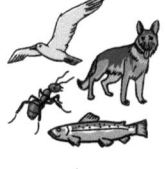

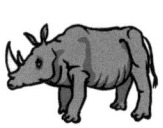

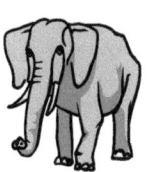

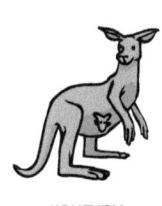

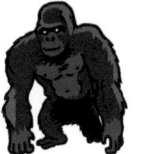

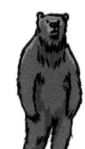

верблюд

هیٔشتر

страус

هیٔشترمه

лев

شیٔر

мавпа

مەیموون

фламінго

فلامینگٓو

папуга

پاپاخان

білий ведмідь

هرچا جممسمری

пінгвін

پەنگوین

акула

سمٔاسی

павич

تاووووس

змія

مار

крокодил

تمساه

працівник зоопарку

پارٔێزٔمرا باخچا ناژٔالان

тюлень

سمیا دمریا

ягуар

پلنگ

поні

همسپێ

леопард

پلنگ

гіпопотам

همسپێ رووبار

жираф

جانهوشتر

орел

هەڵۆ

кабан

بەرازی کۆڤی

риба

ماسی

черепаха

کووسی

морж

والراس

лисиця

رۆڤی

газель

خەزال

американський футбол
فووتبۆلی ئامېریكا

їзда на велосипеді
بسكلېت‌تان

теніс
تېننیس

баскетбол
باسكېت‌بۆل

плавання
ئاۋۆ‌ئنیكرن

бокс
بۆخنگ

хокей
هۆ‌كېیا سەر جەمەدیی

футбол
فووتبۆل

бадмінтон
بادمنتۆن

легка атлетика
یئ ئاتلېتیزمئ

гандбол
هەندبۆل

лижні перегони
بەفراژۆ‌تن

поло
پۆلۆ

стрибати / هليپكه

сміятися / كەنین

обіймати / هەمبێز

йти / بڕۆمەچوون

співати / لاوژه گوتن

мріяти / خەون دیتن

молитися / نوێژ كرن

цілувати / ماچكرن

писати

نڤیساندن

малювати

نیگار كێشان

показувати

نیشان دان

тиснути

پالدان

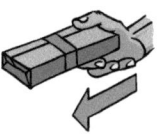

давати

دایین

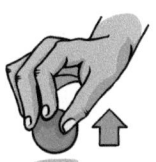

брати

راكرن

мати

همبين

робити

کرن

бути

بوون

стояти

سمکنين

бігати

بازدان

тягнути

کشاندن

кидати

ناڤێتن

падати

کمتن

лежати

دەرمو کرن

очікувати

سمکنين

носити

گوهەزتن

сидіти

روونشتن

одягати

جل بەرکرن

спати

رازان

просипатися

رابوون

дивитися

مئزه کرن

плакати

گرین

гладити

جملتە

розчісувати

شە کرن

розмовляти

پەیڤین

розуміти

فامکرن

питати

پرسکرن

слухати

بھیستن

пити

قەمخوارن

їсти

خوارن

прибирати

کۆم کرن

любити

ھەزکرن

варити

خوارن چێکرن

їхати

ئاژۆتن

літати

فرین

йти під вітрилом

كمشتيقانى

рахувати

همسباندن

читати

خواندن

вчитися

هينبوون

працювати

كاركرن

одружуватися

زموجين

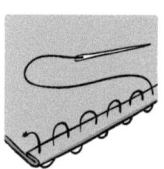

шити

درووتن

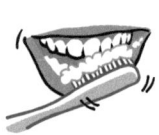

чистити зуби

ددان شووتن

убивати

كوشتن

курити

دووخان

посилати

شاندن

бабуся
داپير

дідуся
باپير

батько
پلاب

мати
دی

немовля
پهبمک

донька
كهڅ

син
كور

гість
مېوڼان

тітка
ترور

дядько
تره/خال

брат
ورا

сестра
خور

čоло
ئەنى

око
چاف

обличчя
روو

плече
مل

палець
ئلى

підборіддя
زەنى

кисть
دەست

груди
سينگ

нога
لنگ

рука
پيل

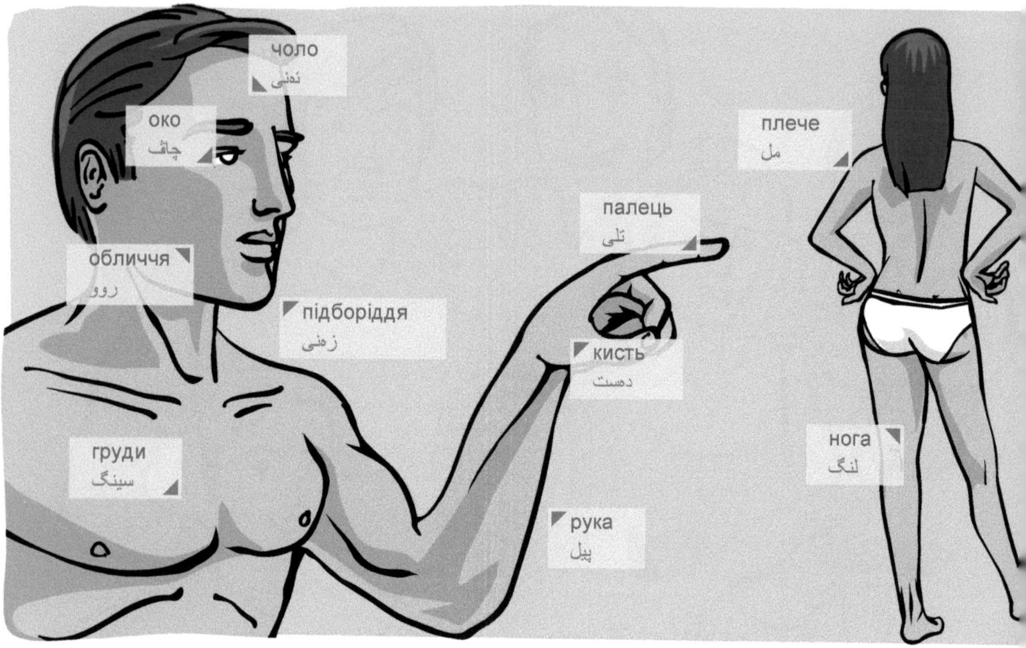

немовля
بەبەک

чоловік
مێرد

жінка
ژن

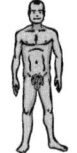

дівчина
كچ

хлопчик
كۆر

голова
سەر

спина

پشت

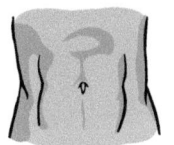

живіт

زک

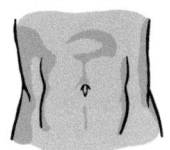

пуп

نافک

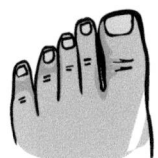

палець ноги

تلیبا پن

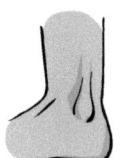

п'ята

پانی

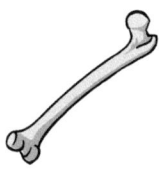

кістка

هسته

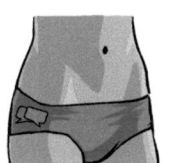

стегно

کروليمهک

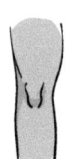

коліно

ژوونی

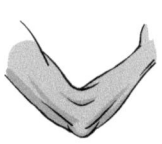

лікоть

نهنیشک

ніс

دفن

сідниці

قوون

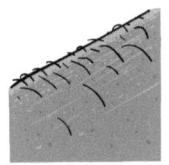

шкіра

چرم

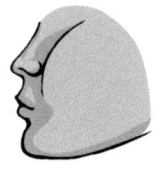

щока

روو

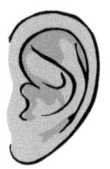

вухо

گروه

губа

لیئف

рот

دەف

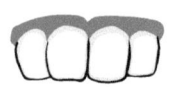

зуб

دران

язик

زمان

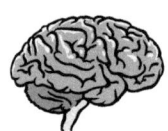

мозок

مێژی

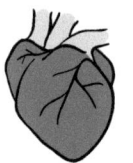

серце

دل

м'яз

ماسوول

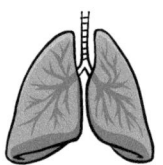

легені

جیگەرا سپی

печінка

جگەر

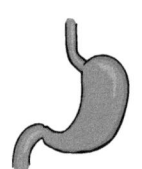

шлунок

ماده

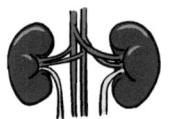

нирки

گوورچكان

статевий акт

جۆتبوون

презерватив

كۆندۆم

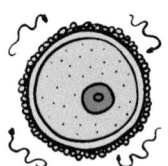

яйцеклітина

هێنک

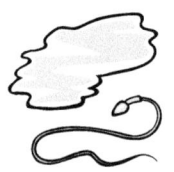

сперма

تۆڤ

вагітність

دووجانی

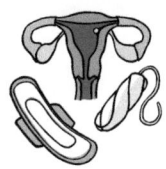

менструація

ناده

вагіна

زووق

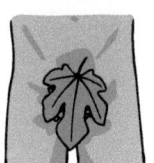

пеніс

كير

брова

بروو

волосся

پۆر

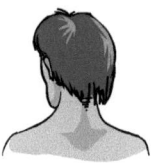

шия

هووستوو

лікарня

نەخۆشخانە

лікарня
نەخۆشخانە
машина швидкої допомоги
ئەرەبا نەخۆشان
інвалідний візок
ئەرەبۆکا کووڵەکان
перелом
شکەستە

лікарп

бژیشک

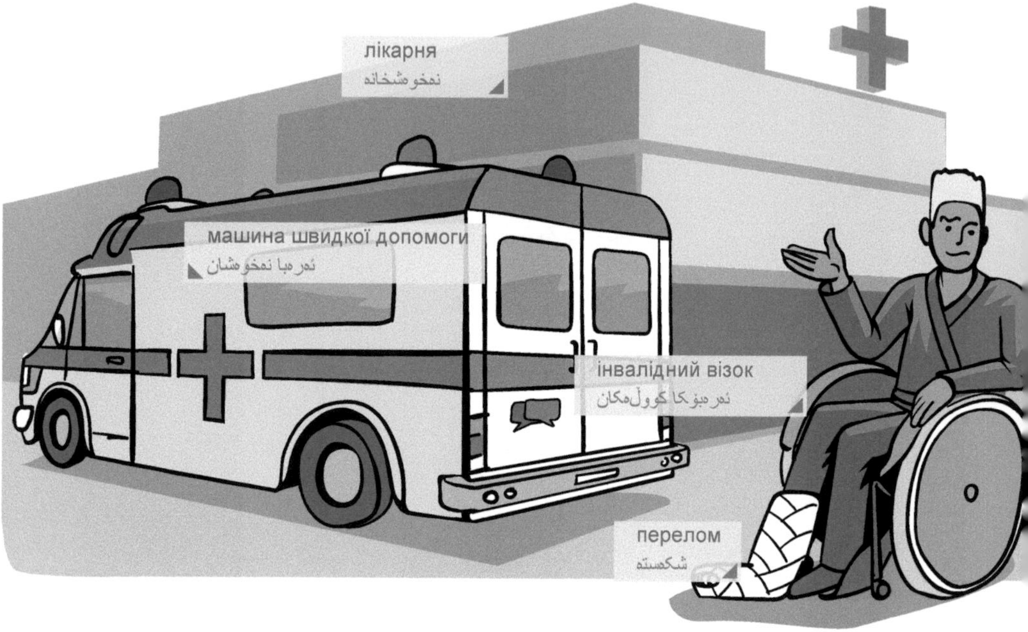

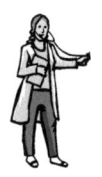

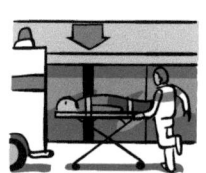

відділення швидкої медичної допомоги

ئۆدا لەزگینێ

медсестра

نەخۆشیار

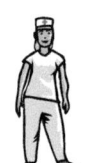

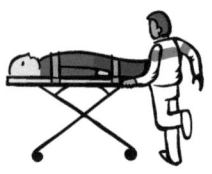

аварійний випадок

ئاجیلییەت

непритомний

بێهای

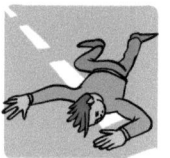

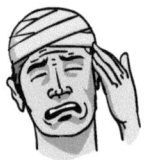

біль

ئێش

травма

برين

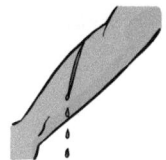

кровотеча

خوێنپژان

інфаркт

هێرشا دلی

інсульт

جەڵتە

алергія

ئالەرژی

кашель

كۆخك

лихоманка

تا

грип

زكام

пронос

ناڤچوڤین

головна біль

سەری ئێش

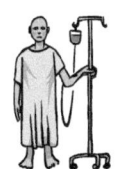

рак

قانسێر

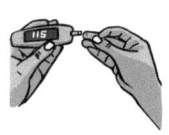

діабет

نەخۆشيا شەكری

хірург

نەجمەليكار

скальпель

سكالپێل

операція

نەجمەلی

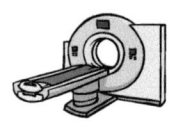

КТ

جت

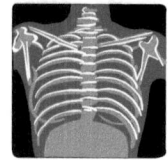

рентген

سووردتێ رۆنتگێن

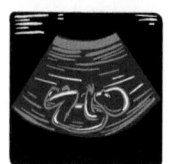

ультразвук

ئوولتراساوند

маска

ماسكێ رووييێ

хвороба

نمخوشى

зал очікування

ئۆدا سمكىنینێ

милиця

گۆچان

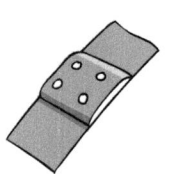

пластир

شينل

пов'язка

پاچى برينپێچانێ

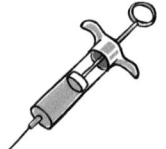

ін'єкція

دەرزى

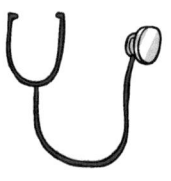

стетоскоп

بيستۆكا پزیشكى

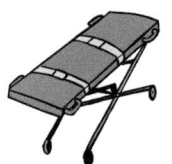

ноші

داربەست

термометр

تێهنپيڤا كلينيكى

народження

زايين

надмірна вага

قەلمو

слуховий апарат

ناليكاريا بهيستنی

дезінфікуючий засіб

باکتریکوژ

інфекція

کۆتیبوون

вірус

فیرووس

ВІЛ / СНІД

هڤ / نادس

медицина

دەرمان

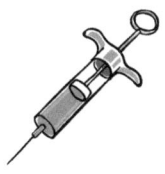

вакцинація

کوتان

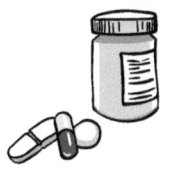

таблетки

هەبان

протизаплідна пігулка

هەب

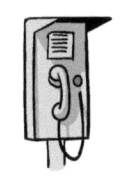

екстрений виклик

لەزگین

тонометр

دیمەندەری پەستۆ خوین

хворий / здоровий

نەخوش / ساخ

Допоможіть!

هەوار!

сигнал тривоги

ئالارم

напад

تېڭىش

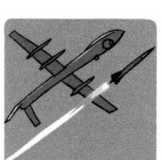

атака

تېڭىشكىرىش

небезпека

كاۋۇلۇت

аварійний вихід

جاڭگال تاتقانكىرەد

Вогонь!

گايى!

вогнегасник

نى ئاندنارمەق رگائ

аварія

ئازمەق

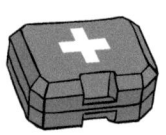

аптечка

مەھمەي ئاريايكىلاڭ نىيەتمىلائ

СОС

سۇس

поліція

پۇلىس

Європа

نەورۆپا

Північна Америка

نامەریكایا باكوور

Південна Америка

نامەریكایا باشوور

Африка

نافریكا

Азія

ناسیا

Австралія

ناووسترالیا

Атлантика

ناتلانتیك

Тихий океан

ئۆكیانووسا مەزن

Індійський океан

ئۆكیانووسا هندی

Антарктичний океан

ئۆكیانووسا نانتارکتیکا

Північний Льодовитий
океан

ئۆكیانووسا نارکتیك

Північний полюс

جەمسەرا باكوور

Південний полюс

جەممسەرا باشوور

Антарктика

نانتاركتيكا

Земля

نەرد

суша

ناخ

море

بەهر

острів

دوورگە

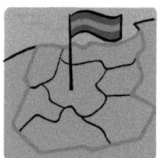

нація

مللەت

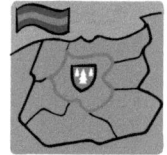

держава

وەلات

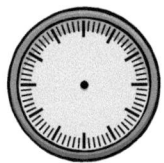

циферблат

رووییٔ ساعت

годинникова стрілка

نشاندەركا دەمژمیٔر

хвилинна стрілка

نشاندەركا دەقّە

секундна стрілка

نشاندەركا سانیه

Котра година?

سیٔت چەندە؟

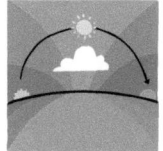

день

رۆژ

час

دەم

зараз

نها

цифровий годинник

ساعتیٔ دجیتال

хвилина

دەقّە

година

سیٔت

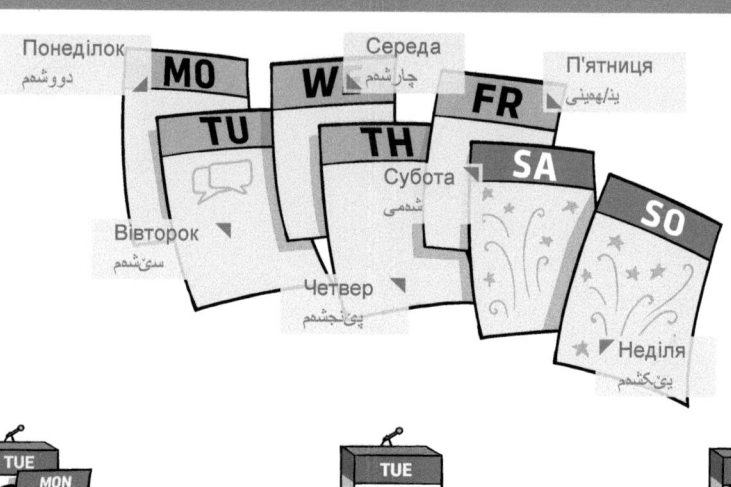

Понеділок دووشەمم
Середа چوارشەمم
П'ятниця یه/هەینی
Вівторок سێشەمم
TH
Субота شەمی
Неділя یه کشەمم
Четвер پێنجشەمم

вчора

دوه

сьогодні

نیرۆ

завтра

سبیی

ранок

سبه

опівдні

نیوەرۆ

вечір

ئێوارە

робочі дні

رۆژێن کاری

кінець робочого тижня

داویا هەفتە

рік

سال

дощ
باران
веселка
کەسکەسۆر
вітер
با
сніг
بەفر
весна
بهار
осінь
پاییز
літо
هاڤین
зима
زڤستان

4.APRIL 11°
5.APRIL 4°
6.APRIL 13°
7.APRIL 8°
8.APRIL 10°

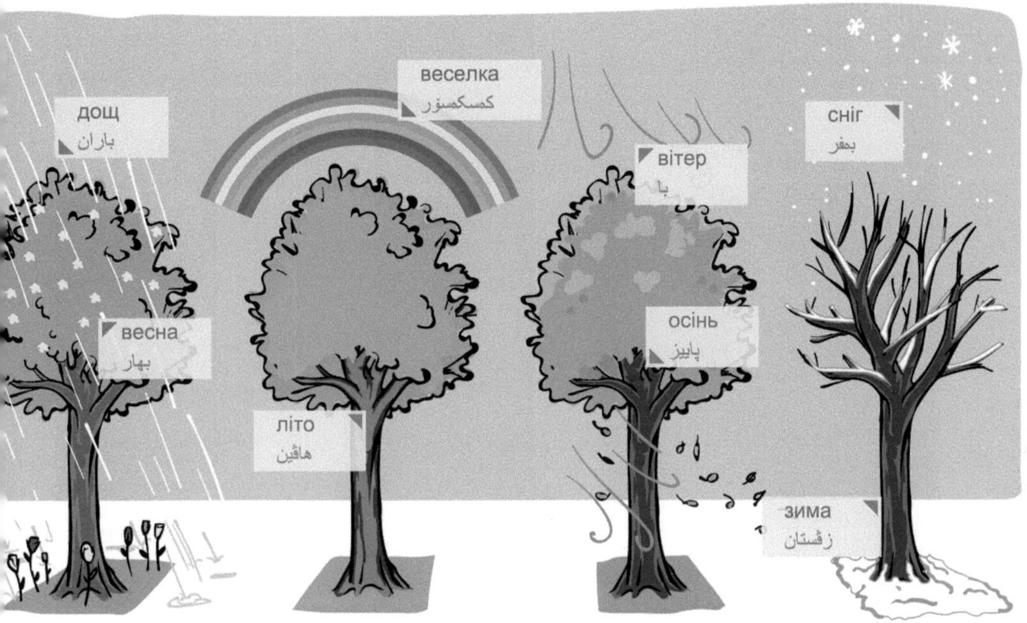

прогноз погоди

پێشبینیا هەوا

F
C
120
90
60
30
0
-30
40
30
20
10
0
-10
-20

термометр

تەهنپیڤ

сонячне світло

تاڤ

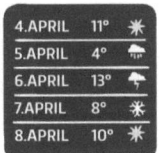

хмара

هەور

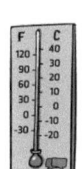

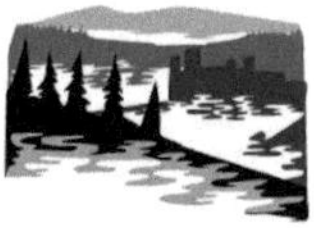

туман

مژ

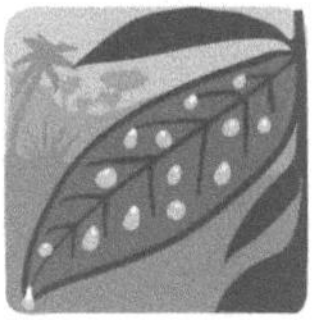

вологість повітря

هێمی

блискавка

برق

грім

برووسک

шторм

توفان

град

تهرگ

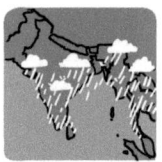

мусон

مانسوون

повінь

لمهیی

лід

جممد

Січень

رئیمندان

Лютий

رمشممه

Березень

نهوروز

Квітень

گولان

Травень

جوزهردان

Червень

پووشپهر

Липень

گملاوئیژ

Серпень

خمرمانان

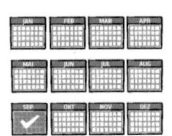

Вересень
....
رەزبەر

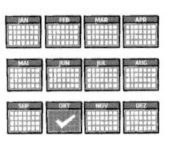

Жовтень
....
كەوچێر

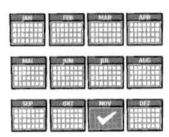

Листопад
....
سەرماوەز

Грудень
....
بەفرانبار

круг
....
چەمبەر

квадрат
....
چارچک

прямокутник
....
چارگۆزی

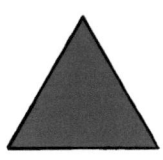

трикутник
....
سێگۆزی

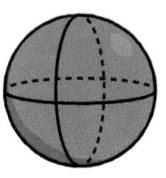

куля
....
قادا

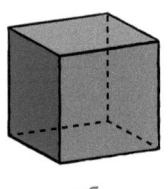

куб
....
خشتەک

білий

سپی

жовтий

زەر

помаранчевий

پرتەقالی

рожевий

پەمبە

червоний

سۆر

фіолетовий

مۆر

синій

شین

зелений

كەسک

коричневий

قەهوەیی

сірий

گەور

чорний

رەش

багато / мало

زۆر / کەم

лютий / мирний

ب هێزرس / بێدەنگ

гарний / бридкий

بەدەو / نەرەند

початок / кінець

دەستپێک / داوی

великий / малий

مەزن / بچووک

світлий / темний

رۆنی / تاری

брат / сестра

براک / خوشک

чистий / брудний

پاکژ / گرێژ

завершений / незавершений

تەواو / نەتەمام

день / ніч

رۆژ / شەڤ

мертвий / живий

مری / زندی

широкий / вузький

فرە / تەنگ

їстівний / неїстівний

خوشم / نمخوشم

злий / дружній

نمباش / باش

збуджений / нудьгуючий

ب هميمجان / ناجز

товстий / тонкий

قلمو / زراڤ

спочатку / востаннє

يمكمين / داوين

друг / ворог

همڤال / دژمن

повний / порожній

تژی / ڤالا

жорсткий / м'який

رمق / نمرم

важкий / легкий

گران / سڤک

голод / спрага

برچی / تینی

хворий / здоровий

نمخوشم / ساخ

незаконний / законний

نمقانوونی / قانوونی

розумний / дурний

رموشمنبیر / بالووله

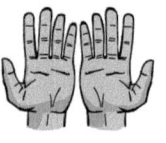

вліво / вправо

چمپ / راست

поруч / далеко

نئزی / دوور

овий / використаний

نوو / بکارهاتی

нічого / щось

هیچ / تشتمک

старий / молодий

کال / جوان

вкл / викл

ل / ژ

відкрито / закрито

فمکری / گرتی

тихо / гучно

نارام / دمنگبلند

багатий / бідний

دهولممند / رمبمن

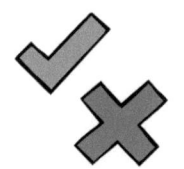

правильно / неправильно

راست / شاش

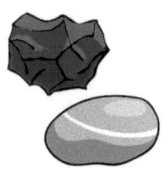

шорсткий / гладкий

در / هلوو

сумний / щасливий

خمگین / شا

короткий / довгий

کورت / دریژ

повільно / швидко

هئدی / زوو

вологий / сухий

شل / زوا

гарячий / холодний

گرم / هئننک

війна / мир

شمر / ناشتی

0

нуль

سفر

1

один

یەک

2

два

دوو

3

три

سێ

4

чотири

چوار

5

п'ять

پێنج

6

шість

شەش

7

сім

حەوت

8

вісім

هەشت

9

дев'ять

نۆ

10

десять

دە

11

одинадцять

یازدە

12

дванадцять

دازده

13

тринадцять

سیزده

14

чотирнадцять

چارده

15

п'ятнадцять

پازده

16

шістнадцять

شازده

17

сімнадцять

همفده

18

вісімнадцять

همژده

19

дев'ятнадцять

نۆزدمه

20

двадцять

بیست

100

сто

سمد

1.000

тисяча

همزار

1.000.000

мільйон

ملیۆن

англійська

نىنگلىزى

американська англійська

ئنگلىزىيا نامەرىكى

китайська
високочиновницька

چىنى ماندارىن

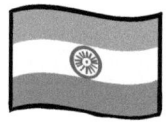

хінді

ھىندى

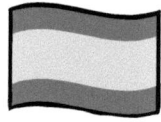

іспанська

ئىسپانىيولى

французька

فرەنسى

арабська

ئەرەبىى

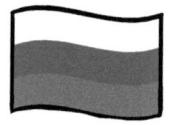

російська

رووسى

португальська

پۆرتوگالى

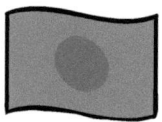

бенгальська

بەنگالى

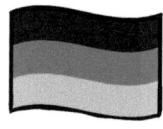

німецька

نەلمانى

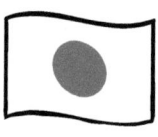

японська

ژاپۆنى

я

من

ти

تو

він / вона / воно

ئەمو / ئەفە / ئەمو

ми

ئەم

ви

تو

вони

ئەمو

хто?

کی؟

що?

چ؟

як?

چاوا؟

де?

کیدەرێ؟

коли?

کەنگی؟

ім'я

ناڤ

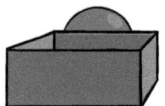

ззаду

پُشتَی

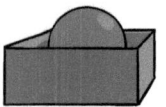

в

перед

پیُشی

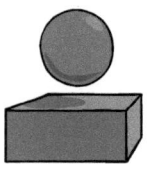

над

سمور

на

سمور

під

بن

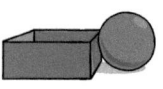

біля

کئَلمک

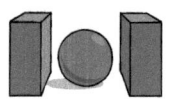

між

ناقبرر

місце

جه